على باب الله

الأعمال الكامله :طارق التريري

طارق التريري

طارق التريري, Published by 2022.

While every precaution has been taken in the preparation of this book, the publisher assumes no responsibility for errors or omissions, or for damages resulting from the use of the information contained herein.

على باب الله

First edition. June 12, 2022.

ISBN: 979-8223841630

Written by طارق التريري.

لكُل مُحبي الشعر تمنياتي إن العمل ينول رضاكُم

ناس تعشق سيرتها

وناس تعشق سيرتها
وناس فيك للرحيل
أول ما تجيب سيرتها
ب تلاقى الكون تقيل
باهت كاره ملامحو
وتسمعلو كتير عويل
وتناجي يارب سهل
فوت يومنا الطويل
مش ناقصه القعده غمو
ويحتار فيك الدليل
تكتم جواك مشاعرك
وتقول فين السبيل
ويارب رياح مُثيره
وكمان يصحبها سيل
أو أى حد ينده
ينجدنا من الرذيل
ان شا الله تكون خناقه
أو قبضة عزرائيل
وناس بتهل فيك
أول ما تقول ياليل
تبدء ريحة عُطورها
ويبدأ طرح النخيل
وتلاقى الكُون أميرة
وخيلك عاشقه الصهيل
وتلف الكون تسافر
ترجع عطشان ل نيل
تلقاه مادد دراعو
والحُضن كأنو ميل
تدخل تلبد في حُضنو
وتدندن اه ياليل

والليل مايجيبش أخر
ولايعرف مُستحيل
ونسان شبعان حكاوى
وب تفتح فيك سبيل
تشرب وتبل ريقك
تملا وتدى الزميل
وأهلاً والله أهلاً
طول كمان ياليل
وحشانا اللمه جداً
ويارب مافيش رحيل

احنا والحكومه وسورة الكهف

وربي يخيليكو لينا
نُشكُر ونبوس إيدينا
جمايلكوا مغرقانا
وافضالكو كتير علينا
بتقتلوا ف عيالنا
وب تخرقوا السفينه
اما الجدار فطنش
وخُدوا الكنز اللى لينا
وأبونا ماكانش صالح
مازرعش الحق فينا
علمنا نوطي دايماً
نُشكُر ونبوس ايدينا
وعِلم الحُكومه واسع
هيا الخِضر اللى فينا
وأكيد فيه سر كامن
في قتلكُم عالينا
وفخرقكو السفينه
وفين احنا؟
وفين عقولكُم؟
وانتوا البركه اللى لينا
فاهمين وفكُل حاجه
أما السكُوت فلينا
ومسموح بس ان ندعى
ربى يخليكو لينا
جمايلكوا مغرقانا
وافضالكوا كتير علينا
ونبي الله ياموسي
وانتوا الخِضر اللى فينا

كفر عسكر

ويا حبيبتي يا كفر عسكر
ويا أُم المعجزات
عُمدتها كان اسمو عسكر
والخلفه سبع بنات
ومين يُحكُم بلدنا
لو يوم العُمدا مات
ولا بُد ولد يا عُمدا
ودعينا يارب هات
وخلاص حبلت يا عُمدا
وخليفتك فينا أت
وربك سهل يا عُمدا
والكفر ف فرحه بات
وحاسمى الولد عسكر
ورقصنا وبالصاجات
ومليون مبروك يا عُمدا
وعقبال فرح البنات
وكبرنا وجات عيالنا
واتغيرت حاجات
واهو زي يو زي غيرو
العُمدا بتاعنا مات
ومن بعدو ورثنا عسكر
زينة اخواتو البنات
واتجوز جاب عساكر
تورث بعد الممات
وعيالو فكُل حته
ناهبين كُل الحارات
والكفر بقت بلدهم
واحنا علينا السُكات
نسهر بالليل نكركر
ونعد الانجازات

والصُبح نقوم نطرطر
ونسِيب في الغازات
نفطر مما تيسر
أو فاض في الزبالات
ويا حبيبتي يا كفر عسكر
ويا أُم المعجزات
وبقيتى خلاص مُعسكر
عايشين فيه من سُكات
نخدم في بيت سي عسكر
زينة اخواتو البنات

صالة الوصول

وانا اللى عشقني رباني
وماليش فيكي غرض تانى
شيطانى عُمرو ماغوانى
ومنانى بغرض تانى
وجايلك فاتح احضاني
معطر فيا إنساني
وناسي كل احزاني
وجامع كُل خلاني
وناس ركبت كتير تانى
واعدى ف بحر والتاني
واشاور ل اللي عدانى
مايرجعش خلاص تانى
وينسانى
لان خلاص مافيش تانى
هروب منك يا وحشاني
ياخبزاني وعجناني
ووهباني الحنين تانى
يمين بالله ما انا مسافر
ولاسايبك في يوم تانى
وفجأه ب اجز في سنانى
وسيرة أهلي في ودانى
وأقول خلص يعيد تانى
وسمعني وأشجاني
وماسك سلسفيل أهلى
لغاية مينا ودانى
وافتش فيا واهمسلى
أكيد روحنا بلد تانى
ويهمسلي اللى جنبيا
وماسك في ايدو كام ميه
ماتيجى فصفنا التانى

وتدخُل دخله سُلطاني
واقولو لأ مُش طبعي
فيتبسم وينساني
يخلص وف ثوانى يفوت
وموكب صح سُلطاني
ويرجعلى ونفس الصوت
ويبدء وصله من تانى
وجاي منين وايه جابك
ابوك لا ابو اللى يوم جابك
يافقري ياعرة اصحابك
قرفنا وانتا في غيابك
فما بالك تعود تانى
وشايف الصف دا كُلو
تعيدو برضو من تانى
وب اكره فيا إنساني
وب اهمسلى وجواني
أنا اللى عشقي رباني

بهيه ومليون ياسين

والللى قاتل يابهيه
كُلنا عارفينو مين
هوا عارف وانتي عارفه
وكُلنا بنحني الجبين
ليل نهار بيحشوا فينا
ويقتلوا ملايين ياسين
واحنا بنحضر جُثثنا
ونتصل بالمسئولين
محتاجين ندفنها بدري
ونسأل الله المُعين
بدري بدري ورقنا يخلص
قبل مواعيد الكمين
ونندعق نعمل عزانا
ونبتدى ف رفع الإيدين
للسما مرفوعه تشكي
وف مرار نحني الجبين
وييجي كم واحد يعزي
وبدرجة الميتين
كُل ميت لُه مقامو
ولُه مقاسو مُعزيين
رُبع في التاني وخلصنا
وهات حساب المُقرئين
وفيهُم اللى عِرف حالتنا
وابتدى يشككنا دين
ضامن السبوبه دايمه
وكُل يوم فيه ميتين
وانتي عارفه وهوا عارف
واحنا برضو مُكملين
كُل يوم ناصبين فى قعده
ويندفن مليون ياسين

عنيكي والمُستحيل

وب اخاف م المستحيل
من صمتها الطويل
عنيكي تغوص في قلبي
وتقوللي هات دليل
ان انتا حقيقي عاشق
وبتسهر ليل طويل
أحبس نارى ف ضلوعى
واكتم فيا العويل
مع كُل اللي ف ملامحي
من سُهد ومن رحيل
لسا بتسأل عنيكى!
ولسا بتحتاج دليل!
وفيا الأدله ياما
وفوق المليون دليل
أولهُم في انهياري
لما عطورك تسيل
في نسيم صُبح الحوارى
وابدء سفري الطويل
وب اسافر اِلم عطرك
يمكن ينفع دليل
وأخرهُم قبل نومي
قبل الفجر بقليل
ب ابعت روحى تناجيكى
تلاقكي ف نوم طويل
وخلصتي الحلم كُلو
ولسا ماجبتيش دليل

الرضا

ومش راضى؟
اخبط دماغك
في أى عامود يقابلك
رزقك مقسوم وعُمرك
من قبل الكون وقبلك
واللى نصيبك يصيبك
وحيجى اليوم يقابلك
وتصير فيك المشيئه
زيك زي اللى قبلك
وبعدك بسنين يجيها
ويخُش التُربه قبلك
والموت لازم تدوقو
ولا بُد فيوم يقابلك
تنفد منو ف معارك
ومُمكن في سرير يقابلك
ولو دامت يوم لغيرك
ما كانش راح وسابلك
ولا بُد تسيب لغيرك
زى اللى راح وسابلك

العمده حامل

واتفرج ياسلام
واتمتع ياسلام
في بلدنا أم العجايب
بلد الناس التمام
العُمدا بدل هريدى
بقى فجأه مدام سهام
ونحل ف أي مُشكل
لازم رأي المدام
وشيخ البلد يدقق
و بيديها التمام
وما نابنا من الحضاره
غير تلقيح الكلام
والليله خميس ياعُمدا
ويارب تفوت تمام
وقريب تبقى حامل
ويبطلوا الكلام
اتسخط العُمدا راجل؟
مابقاش خلاص مدام؟
ويا كايداهُم ياعُمدا
ومسكته الكلام
والعُمدا بتاعنا حامل
واتفرج ياسلام
في بلدنا أمُ العجايب
بلد الناس التمام

على بعضها

وعلى بعضها
بمرارها كُلو
وغُلبها وبسحرها
حتى افتراق العاشقين
على شطها
ساعة انكسارك
وانت كاره امُها
ساعة حنينك
وانتا حاضن همها
ومُشتاقلها
وأول سفاره تخُشها
ترمى الجواز وتفُضها
سيرة غرام
ما بيكتملش ف برها
واول ماتُصرُخ
تجرى جري تضمها
تسندها
تمسح في التُراب
من كُمها
وتكون لها
كوباية الميه
اللى راويه فحلقها
وتعمل قميصك مروحه
وتجيبلها حبة هوا
وتبُص في عنيك الحزينه
وتبتسم تشتاق لها
يُحرس طريقك
تتستر وتدوم لها
وشكراً ياحاجه
دا شيئ بسيط

تهمس لها
ومع السلامه
خلاص نويت على أُمها
ولا اهتديت
وخلاص بدأت تصُمها
وحفظتها
هيا كدا وعلى بعضها

هُما وبس ولادك

كُل الأيام علينا
ولا مره تدور عليهُم
واخدين السعد كُلو
واحنا النحس اللى فيهُم
كُلك براح عشانهُم
وكأنك بس ليهُم
والباقى يروح في داهيه
وبرجلك تفعصيهُم
هُما وبس اللى طرحك
أما احنا فلقيتيهُم
خدتي الصواب تربى
واهو بُكرا صرنا ليهُم
حبة عبيد ولايا
خيرك ونبوس إيديهُم
ولا مره فيوم صرختي
ولا حتى شاورتي ليهُم
خفوا العذاب شوية
وانتى اللى بتبعتيهُم
بعد نصاص الليالي
وبتُقفي تشاورى ليهُم
عن فين مكان عيالنا
وفى الصبح بتسجنيهُم
وحاضره التحقيق معاهُم
وانتي اللى تفهميهُم
الواد دا مخبي حاجه
وضوافرو بتقلعيهُم
وبتلبسي ف وشاحك
وتكوني الحُكم فيهم
ونرجع ننقُض تعارضي
ولا بُد الحُكم فيهُم

وقوام عشماوي كُنتي
وجالك قلب تشوفيهُم
جوا داوير المشانق
وانتى اللى تنزليهُم
ب أيديكى وخُد عيالك
ولا كانك تعرفيهُم
وسبقتي على المدافن
وبدأتي تعدى فيهم
مظبوط صحيح عددهُم
وتشاورى وتحسبيهم
ونقول عرفت غلطها
ويمكن حتكرميهُم
اتاريكي في عز عدلك
وعايزه الضريبه فيهُم
وخايفه لندفن ونهرب
ولا ندى ضريبه ليهُم
صحيح فعلاً عيالك
اما احنا فلقيتيهُم

قلبي ورحلة هواكي

قلبي ورحلة هواكي
وكتير كتير ورق
بتغيبي اشتاق إليكي
وافرد فيا الورق
وابدء سفرى ف مداين
مرسومه على الورق
فايح عطر الجناين
وبخورها بيتحرق
وارسم واكتب قصايد
واملا سطور الورق
ومابين عطر وكتابه
دايب همس الورق
قادت جواه نيرانو
وم العشق بيتحرق
واكتب اسمك يندي
ويهدا حريق الورق
وتهلي انده عنيكى
وابدء رص الورق
افتح كُل المداين
وافرش فيها الورق
ويفوح عطر الجناين
وبخوري بيتحرق
ويادوب باديه القصايد
تترك سطر الورق
تسكُن في بحور عنيك
يبدء فيا الغرق
سافرت خلاص عنيكى
وسابتنى مع الورق
ومابينى وبين عنيكي
اميال اميال ورق

وادخُل وانصُب مشانقى
ويطويني كتير ورق

جورنالجي واطي

جورنالجي واطي
وتعرفو بنظرة عينيه
كلب ابن كلب
وبالجزم يداس عليه
وان سيدو قالو
مافيش إله أمن عليه
ولاحتى فكر يسألو
ازاي وليه
أو هات مراتك ننبسط
يهتفلو هيه
واتربى بس على الوسخ
سيدو الجنيه
وعرفت ياغاوى الأدب
بطلنا ليه؟
نقرا الجرايد
واتكتم أغلبنا ليه؟
يرحم بهاء المُحترم
وسلام إليه
وناولني ميكي وصحبتو
وسمير يابيه

إيجار جديد

كل مشاعري ايجار وجديد
إلا هواكى دا بالتمليك
ب افكر اهدو واخليه عماره
ونعمل روف كدا فانتاستيك
ونبقى نظبط دورو الأرضى
ونعملو ديسكو لذيذ كدا شيك
وننزل رقص انا وانتى ياحُبي
لحد ما يصحا ينادي الديك
وان ماصحيش يلزمنا منبه
وبدل الكوكو تكون تاك تيك
والبدروم نعمل فيه غورزا
وييجوا اصحابنا الناس الشيك
ونعمل قعدة زار كدا فُله
وإيُها فرخة حتلقى الديك
وناكل لحمة راس ونسقِى
ونجيب شطه من المكسيك
ولو ماعرفتش اهدو ياستي
حنبقى نغير ف التكتيك
بس مُهم ان انتى تلاحظي
ان هواكى دا بالتمليك

إقرأ

لوطن فيه القرايه
من أكبر الذنوب
وعشان تكتب قصيده
محتاج سنتين تتوب
وان ماكانتش الحرابه
حتكون مرجوم بطوب
ودعُاء فوق المنابر
ولعلام الغُيوب
يقصف عُمر اللى جابك
ولا تلحق يوم تتوب
مع إن الأمر إقرأ
وافتح كُل الغُيوب
ومافيش بعديها حاذر
أو سيرة أي طوب
بعديها تلاقى ربك
بعديها اللى خلق
بعديها يهل ذكرك
يامخلوق من علق
ومافيش سيرة حرابه
ولا حد بيتحرق
وبعديها تلاقى إقرأ
والأكرم ع الورق
بيعلمك معارف
ويوهبك قلم
ومافيش سيرة حرابه
ولا حد بيتحرق
والأمر بس إقرأ
بعديها اللى خلق
وماقالش اللى بيرجم
وماقالش اللى حرق

وسُبحانه رب إقرأ
سُبحانه اللى خلق

بلدهُم

أيوا يا عم الحاج بلدهُم
وعُمرو ما تخلص
فيك أمجادهُم
ويحكُم فينا ولاد أولادهُم
وانتا اللاجئ جوا بلادهُم
وانتا تكد تعافر تشقى
وتلقي اليافطه
بإسم ولادهُم
عاجبك كمل
مش مستحمل؟
شوفلك داهيه
وسيبها بلدهُم
وكُل منابك عضم ف تُربه
عايزهُم خُدهم
وانتا تخلف يبقوا ولادهُم
يبقوا عبيدهُم
وساعة الحرب
بيبقُم زادهُم
وساعة الحظ
خلاص قعدهُم
جوا جحورهُم
جاي معادهُم
والمواعيد في بلدنا كتيره
وحنجندهُم
ماتشات كوره
وعرى في صوره
وأي كلام مُمكن يسعدهُم
أي كلام لكن يبعدهُم
عن كراسينا وفرحة عيدهُم
ان الروس ممكن تتسوا

أو يتلموا يقولو بلدهُم
وزيد مواعيدك فرق فيهُم
زيد في مرضهُم
وايوه ياعم الحاج بلدهُم
أيوه بلدهُم

ال Veto

والڤيتو
يعني البلطجه
وان الضعيف دايماً مهُان
مسموحلو بس لواندبح
يصرُخ ب اه
والڤيتو برضو المريسه
وان القوي دايماً مُصان
ومش عربى هوا حتضربو
وتدي ف قفاه
يعدل في توبو ويلتفت
للناس وراه
اشجُب وادين؟
يتسلطنو ويقولو لو اه
والڤيتو منهج تفرضو
وأسلوب حياه
يا تكون جرئ تستخدمو
يا تقول يا اه
وتلم توبك تعدولو
وبلاش وراه
ومن غير ماحتى تلفت
قالوك اه

لزوم الدندنه

وحاجات بسيطه جداً
لزوم الدندنه
قبل الكلام مايبدء
وتهل العكننه
أهلاً سلامات ياسيدنا
ومنور عندنا
وهلت بركات علينا
ياهنانا وسعدنا
والله ومكتوب نشوفك
مأنس عندنا
والشاي ياواد بسُرعه
ويا سلام يادي الهنا
ويابت اتاخري حبه
أو قومي من هنا
وشايك ياحاج واشرب
واتفضل بالهنا
وبدأ الكلام يمسخ
وكرهت الدندنه
وخلص شايو وكحكح
وبدأت الرُعب أنا
وحاول كتير يلمح
ويخف العكننه
لكن أنجز وصرح
فين إيجار السنه
وماعادش بساطه تشفع
ولا نافعه الدندنه
هوا بُيطلب فلوسو
وانا بتشهد أنا

لزوم مايلزم

واهرب
من سجن خوفك
وابدء طبطب عليك
وارسم ضل ابتسامه
وقوي النظرة ف عنيك
دخل إيدك في جيبك
دارى ف رعشة إيديك
وامشي فكُل الشوراع
دندن واهمس إليك
وف أتخن عين تقابلك
بحلق دخل عنيك
وادخل جُوا ف قرارو
تلاقاه بيبوس إيديك
ومُش عارف؟ ليه بيحلف
لكن صعبان عليك
وبيعمل كُل حاجه
إلا يبُص ف عينيك
واعذُرني اصل المشاغل
وبنتأخر عليك
وسامحني أكيد مقصر
لكن مُشتاق إليك
وقُريب نيجي نسهر
نيجي نسلم عليك
ولا خلاص مش مسافر؟
والغُربه قضت عليك
وكلام كتير وياما
وانت مثبت عنيك
ولحد خلاص ماتزهق
تبدء تفلت إيديك
وأكيد ماتعرفوش

ولا عُمرو ورد عليك
ولكن كُل اللي قالوا
دا هروب من صوت عينيك
ف ابدء جمد ملامحك
زود قسوة عينيك
حتلاقى الكُل هابك
ورمي السلام عليك
شاور ولا مره قرب
هايب نظرة عينيك
واهو لما تكون لوحدك
تبقى ترجع عينيك
تبقي تغير ملامحك
على أد الشوق إليك

الموت

واصبُر لو بس ساعه
فرح البت انهارده
سبح وقال مشيئه
ولاحتى ثانيه واحده
ولازم لازم تسافر
سكنك فوق انهارده
وغريب الموت ياأخي
تلقاه ممكن في ورده
وفعز خلاص ماحليت
شديت م الدُنيا شده
وبادي تفارق ملامحك
ترسم بسمة موده
وبتعطر فيك ضلوعك
وتقول الصعب عدى
وايام الله يقيدها
وبدأنا من إنهارده
وبديت تعرف عسلها
وخلصت من المنهاده
والدُنيا خلاص بتدي
نسيت فيك المعانده
وفجأه بتلقاها خلصت
أخر يوم انهارده
ومالكش نصيب في حاجه
ولا نُقطة ميه بارده
وتهرب تلتف رجلك
تبدء فيك المُشاهده
كل اللى عملتو شوفو
مش قادر حتي تنكر
مش قادر ع المعارضه
دُنيا الأعمال وراحت

وسكنك فوق انهارده

خازوق

وتقدر تقوللي أخدت ايه
من يوم ما شرفنا اسمو ايه
غير كُل حلم يصير كابوس
وخازوق بتتنطط عليه
أيام سى مُرسي أخدت زيت
وكلام كتير قُلت ورغيت
وشتمت فيه لما اكتفيت
وف عهد حُسني
سرقت بيت
مديت إيديك
فى جيوب كتير
وعملت بيت
أما السادات
قالك ياريت
تلحق تكوش وانفتح
أو كون عبيط
وايام جمال
تعليم وصحه
وخدت غيط
واحلام كتير
بس انتهيت
خدام عساكرهُم بقيت
وايام فاروق
كان لك حقوق
لو مره فى السجن اترميت

دايب

ولو انتا دايب في الغرام
مُش مُشكله
بس المُهم ان الغرام
يطرح ينبت سُنبله
وكمان مُهم ان الحبال
تكون شديده مطوله
بحر الغرام مُش بالكلام
ولا للي لابس سلسله
ولا ل اللى غاوى الكلام بكام
وساعات كتير متسهله
براهينو أقوى من الحساب
والمُعطيات والمسأله
ف لو انتا دايب في الغرام
مش مُشكله
علي فغُناك بين هواك
وصارحها فين المُشكله
مش بس تحكيلى أنا
وتفضل ترتب ميه سنه
وتعود بنفس المُشكله
أنا قلبى دايب في الغرام
عايزين نحل المُشكله
واصرُخ تمام أهو دا الكلام
قولهولها هيا مُش أنا
عايزين نحل المُشكله

النصيب

وساعات تصيب
وساعات تخيب
وساعات بتُشرق م المغيب
لو لك نصيب
وساعات بعيد
وساعات قريب
وساعات تمد إيديك تجيب
فرجو القريب
حسب النصيب
وساعات غريب
وساعات حبيب
وساعات تهل روايحو طيب
ويدُق بابك تفتحو
وتلقى الحبيب
واهو جا النصيب
وساعات تعود
وساعات تغيب
تسكُن بلاد
بعيد المغيب
والعشق حلم
العشق غيب
وامتي النصيب

مشاغل

وان جيت وسألت اهلاً
وان ما قدرتش كأنك
عديت وحقيقي جيتنا
وشبعنا ياسيدى منك
ونفس اللى ياسيدي شاغلك
هوا اللى شاغلنا عنك
ومع ان الشوق قاتلنا
وتحيينا النظره منك
لكن نُصبر ونحلم
بُكرا يقربنا منك
ترجع وتهل تاني
وتحلا الأيام في ضلك
مابقاش م الكون فاضللي
ومابقاش م الكون فاضل لك
غير ان افرد أمالي
واسكُن بلادها ضلك

مولانا

قول للظالم ياظالم
بعدين يجى الشنب
يتحف؟ تشيلو كُلو؟
مش هو دا السبب
بالعدل المُلك قايم
لا بدقن ولاشنب
لا نيوتن خف دقنو
ولا حفحف في الشنب
ثمره وسقطت مسكها
واتحير في السبب
وفتح باب المعارف
سبب ودا السبب
وهمك م الكون دا كلو
دقن وطول الشنب
بالعدل المُلك يُأمر
ويطيع أتخن شنب
وانسي صالون الحلاقه
واتكلم في الأدب
في الفيزياء وفى الطبيعه
في العله وفى السبب
بالعلم الكون بيعمر
مش بمقاس الشنب
وتشوف فينا البلاوي
وتشوف فينا العجب
تسكُت وتهز راسك
وتحفحف فى الشنب
وتنصحناالصبر نعمه
وتوعظنا عن الشنب
نكتم نصبُر ندارى
مُش شايفين لك شنب

وبُكرا الأيام حتحبل
وحيتولد شنب
يهتف ويقول ياظالم
وبعدين سيرة الشنب
يتحف؟ نشيلو كُلو؟
ومُش هو دا السبب

فاجر ياوطني

فاجر ياوطني بتتخصي
و عامل صبور
ماصص عرقنا وتنتشي
وتبني ف قُصور
وف كُل ليله بيتخصي
فيك مية طابور
والكُل جاهز يتختم
مستني دور
واتخن مافيهُم يرتعش
يحرق بخور
فرحان بعمرُو اللى اتكتب
بشهاده زور
من إنو لسا مازال أسد؟
حامى الثغور؟
مهما استباحك أو خدم
سيد القصور
أبو نسر أصلع
والعلم بنجوم تدور
ومسيرها تخلص خدمتو
وحيجيلو دور
يخصوه و علناً عل الملأ
يمسك طابور
زى اللى قبلو كتير خدم
واهو جالو دور
ومافيش هروب م اللى اتكتب
ومافيش قصور
ممكن تصونك يا خصي
ولا علو سور
كل اللى ممكن تعملو؟
بتستنى دور

والنسر الأصلع مُبتسم
لم النسور
تنهش بواقى من الوطن
ونجوم تدور
نشوانه بتزين علم
وف أعلى سور
فيه خصي ساجد للعلم
مستني دور
وشموس تغادرك ياوطن
وتدور تدور
أيام ماكُنت انتا الأسد
حامي الثغور
والكُل واقف مُنكسر
مستني دور
وصبحت كاذب مُنكسر
وتقول صبور

الكلام

تبتسم تبدء تناغي
ويفرحوا الأهل الكرام
وتبتدى تكون حروفك
تبتدى ف نُطق الكلام
وتترسم ماما وبابا
وبعدها بداية العلام
وانتا والأيام وحظك
وانتا ومنين الكلام
م الشوارع م الجوامع
م الحواري وم الترام
من كلام موزون بحكمه
ولا من سقط الكلام
م اللى كادب م اللى صادق
وانتا ومنابع الكلام
وفيك سنابل فيك قنابل
وكلو من رسم الكلام
وانتا لسا الورقه بيضا
لسا جواك اليمام
كُل أحلامك بريئة
وخطوتك فالته اللجام
وكل عشقك للحقيقه
ولسا مابتعرفش كام
جنب كام بيساوي كام
وطرح كام بيساوي كام
لسا ماعرفتش موائمه
وامتى بيكون الكلام
وانتا والحظ ونصيبك
وانتا ومنين الكلام
من كلام موزون بحكمه
ولا من سقط الكلام

كداب يا عم

كداب يا عم
بتاع ورق
وكلام وبس
وقت الملاحم؟
تبلعو
وتدس دس
وان خان لسانك
يوم نطق
بتقُصو قص
وتنادى فُرسان الورق
تترصوا رص
وكُل شيئ إلا الغرق
ف اديها رقص
وكلام كتير
وبدون سند
ولا أى نص
فاكرين ينجي من الغرق
وترصو رص
وبُكرا المزابل تتفتح
تتكنسوا كنس

عطش السُنبُله

قلبى اللى كان
ولألف عام
ريان ويسقى السُنبلة
مابقاش بيعشق غير رحيل
من ذكرياتُو وسلسله
بتشدو دايماً للبعيد
لبلاد غريبه ومستحيل
ووشوش مهاجره معزله
مش عايزه حتى تقول سلام
أو كلمه تروى السُنبله
وريان ياقلبى من زمان
لكنُو جاك وقت العطش
وعلى المحك بقيت رهان
يا حتدى ضهرك للحياه
يا دماك حتروى السُنبله

نخيل الجُدود

ويانخل وفى العلالي
ومسيرك يوم تموت
ليفك حبل المواشي
وجريدك للبيوت
سقف وقُفه وحصيره
وبورش عليه نفوت
بلحك وراح زمانو
وكُنت خزين بيوت
يرحم جدي اللي زرعك
سبقك فى رحيل وموت
وصاني عليك أصونك
واحميك زي البيوت
لكن فينا المشيئه
ولا بُد ف يوم نموت
وسلام يانخيل جدودي
وعمار يادي البيوت
مايُسكُنكيش عدوي
ولا يكتم ليكي صوت

وترك

وترك لساه مسافر
ولا اشتاق للنشيد
مستنى الفرح يطرح
مستنى تمسو إيد
وامتى الأغاني ترجع
امتى تهز الجريد
في نخيل بلحها طايب
لكن عالى وبعيد
مشتاق للتمر نفسي
ولكن ما تطولو إيد
يانخيل مزروع في قلبى
وساكن نبض الوريد
امتى الوتر يغنى
وامتى يميل الجريد
ويضلل جوا قلبى
واملا من التمر إيد
واسأل وترك مسافر
ولا اشتاق للنشيد
طايب بلحك فى قلبي
وشاور ليا الجريد

بُكره الجديد

صمم إنك تقابلو
وماتبعتلوش بريد
لازم حتماً بنفسك
وتكون واثق أكيد
مهما اتاخر حيجي
حضر فيك النشيد
أول مايهل طالع
شاور وارفعللو إيد
قولو نهارك سعيد
وأقلب صفحة قديمك
وافتح صفحة جديد
مُش صعب انك تحاول
وتمد لبُكرا أيد
ف ابدأ جدد في حلمك
وابدأ بُص لبعيد
ومسيرها الشمس تطلع
وتجيبلك يوم جديد
بس انتا تكون مصدق
وبتحفظ في النشيد
وأول مايهل تهتف
أهلاً بُكرا الجديد

انا وانتي والغروب

أنا وانتى والغروب
والشوق مالى الدروب
ونسيم بيمس شعرك
وبيملا الكون طُيوب
يبدء فيا انهياري
وابدء م العشق أدوب
بتطيرى في حمامك
وانا ب اتنهد وادوب
ومافيش في العشق غالب
ومافيش عاشق يتوب
مهما تطُول جراحو
ومهما تعاندو الدروب
ومهما بتدبل ملامح
لكن تبقى القلوب
ريانه وشوقها هادر
بتعافر في الدروب
حلَمانه الفجر يطلع
ونداه يِحي القلُوب
والشمس بتستخبى
تهمس وتقول يادوب
فاضل ع الفجر حبه
ونرجع في الكون ندوب
نفتح باب الأماني
ونسكُن شوق القلوب
وارجع للحلم تاني
أنا وانتي والغروب
ومافيش في العشق غالب
ومافيش عاشق يتوب

الخيول

وياخيل خلاص
زمن الصهيل بنبدلو
برنة نواح
وبِمسد كول ل ابن الوليد
لكنو دايماً مش مُتاح
وشيوخ غرامها وعشقها
ف هُدنة سماح
وتنادي فينا وتنتفض
لموا الرماح
نكتم وجعنا ونبتسم
جاي اللي راح
ويا خيل خلاص يلا اركبي
وجيبي الصباح
نلقى الشيوخ بتلمنا
لحفلة نكاح
ولابُد لازم للفرح
رقص برماح
فرسان مكانها الذاكره
وراح اللي راح
حتى اللي باقي من الوطن
بقى مُستباح
حبة مولات على كام شاليه
والباقي ساكن فى البراح
عضم الجدود لطم الخدود
واتذر غاب وسط الرياح
وخيول بتصهِل تنتظر
شمس الصباح
والمجد كُلو بقى السبق
والفتح راح

انا والبحر وعنيكي

أنا والبحر ف عنيكي
وعِشقي ان اكونلو اسير
برغم العشق لبراحى
ولو حتى فى عكس السير
ولو كان التمن عُمرى
ب اضحى وعُمري
ما ابقى اسير
ولكن تبقي شئ تانى
وأسري فى هواكى غير
ف باحسبنى ان انا فنُزهه
وب احسبنى فهواكى سفير
وا عاند كُل من لامنى
وقالي دا انتا ليها أسير
والاقي فيا مية حجه
وامنيني بكوم تفاسير
بإنك أيوه شئ تانى
واسري فى هواكى غير
تنادى قلبى بيرفرف
واسافر مشتهى للسير
وسفرى فى مدى عيونك
ممالك يشتهيها الطير
مهاجر عاشق الرحله
يكابد وف رحيلو أسير
وعُمرو ما غير الوجهه
ولا ناوى لغيرك سير
لأنِك أيوه شئ تانى
وأسري فى هواكي مصير

لوني

ويالونى
في لونو طميك
أسمر وكُلو خير
نقشت شمسك ملامحى
واشتد العود يسير
ازرع وابني وأعلِم
واتراضى باليسير
وقت الشده تنادينى
وب البى كأني طير
مالحقتش حتى اشرب
ولا اريح م المسير
خلى الراحه لصُحابها
وانا فيكى يادوب غفير
ب احمي حدودك واحارب
لكن ما ابقاش أمير
ويزيدنى حيره أمرك
لكنك برضو غير
رغم الألآم باعاند
وباكمل فى المسير
ولحد مايجى فجرك
ح افضل واقف غفير
باغزل وانقُش حلمك
وازرعنى ولاد كتير
واقفه تضلل عليكى
من حَر ومن هجير
وإيديهُم غازله فجرك
فاحت ريحة العبير
لكن وككُل مره
جايبه فإيدك أمير
وارجع تانى لمكانى

بس مُجرد غفير

غُربه

ومابينى وبين بلادى
صحرا وبحر وبلاد
بلاد تنكر ملامحى
وبلاد تمنح وداد
لكن فى ودادها حتى
مابتشبهش البلاد
اللي بيعشقها قلبى
ويكره عنها البُعاد
ولما الحنين ياخُدنى
دمى بيصبح بلاد
واكتب شوقى ف قصايد
وارسم صور الولاد
وتفوح بالعطر نسمه
قلبى يقول م البلاد
تصحى ف قلبى الشوارع
يُصرُخ فيا الميعاد
ما أنش أوانا لسا
نكسر صمت البُعاد
نفتح شبابيك قلوبنا
ونتونس بالولاد
فى بلاد يعشقها قلبى
ويكره عنها البُعاد
ومابينى وبين بلادى
صحرا وبحر وبلاد
وحنينى قاتلنى ليها
لو حتى ح اعود رماد

مليون حاره

قلبى ياساكن مليون حاره
وجوا الحاره حواري كتير
شمس الصبُح تحب اللمه
ونسة شوق وحمام بيطير
وريحة الفول بتهز الحاره
وزيتك طيب يا ابو أمير
زيدو طحينه كمان والشطه
أصلى بحب الشطة كتير
وادى عيال رايحه لمدارسها
وادى شباب بتكد السير
تحلم بكرا حيوفى بوعدو
ويمكن يصدُق ويجيب خير
يصبح مره الحلم حقيقه
والعشاق في الحاره كتير
تستناه من يوم ما اتخلقت
ولما بيجى تحسو كسير
طاقتهُ أقل كتير من الحاره
وبرضو بنصُبر ونقول خير
قلبى ياساكن مليون حاره
وجوا الحاره حواري كتير

صمت الحكاوي

قلبى وصمت الحكاوى
وحدى ف طول الطريق
خلصت مني الغناوى
والكون عمال يضيق
نجم بيرحل يسافر
وقمر مابقاش يليق
ضيو لونس اللي غاوى
ولا بيهون طريق
ونوارس طال غيابها
هجرت فجأه المضيق
والساكن فيا حُزنى
وشوقى لمليون صديق
اتخبى لوحدي فيهُم
واصرُخ من كُل ضيق
يطبطبُم عليا
ويورونى الطريق
وارجع كما كُنت فيا
زاهى وطيب برئ
ب احلم وب انادي حلمى
ونتقابل ع الطريق
ونونس بعض تانى
والدُنيا تبل ريق

طنطا

وميدان الساعه ف طنطا
وف طنطا حاجات كتير
لكن مافيهاش أونطه
ولا فيها العيب يصير
والناس راضيه وغلابه
وبترضى باليسير
تسأل عن أى شارع
الكُل معاك يسير
يوصلك لحدو
ويرجع مرضى الضمير
ويشاور بالسلامه
ويبشرك بخير
وسيدي عز فى أخر البورصه
وبعديها يمين تسير
حتلاقى الخان منور
والزحمه وناس كتير
والحق بدلة حماده
وخدلك جزمه لسُهير
ويهل مقامو أحمد
ومدد تملا الأثير
وميدان وسيع ولمه
والخلق كتير كتير
والحُمص ريحتُه فاحت
ماليه الشارع عبير
مولد شا الله ياسيد
ملايين فارشه الحصير
والمداحين سكارى
ذكر ومالى الأثير
بعد السيد تلاقى
على طول سيدنا البهي

مترين تلقى المحطه
والناس رايح وجى
مولد سيدنا الليله دى
ومافيش في الكون لُه زى
قادت شوار عها طنطا
والضي ينادي ضي
مافيهاش أبداً أونطه
وفي الحسن ماليها زى
ومدد عمار ياطنطا
ونيجي العام اللى جاي

انسولين الصباح

وادى حُقنة أنسولين
مع أول ضوء صباح
يمكن ينزل شويه
يمكن حبة براح
من نهش كريه ومُزمن
ومافيش منو ارتياح
غير حُقنه وراها حُقنه
ونبدء غرس الرماح
مابقاش غير التعود
والصبر على المُتاح
يمكن ينزل شويه
ويمكن حبة براح
من قبل اليوم مايبدء
ويستِف فى الجراح
وكمان الضغط يعلى
وتُسكُن راسى الرياح
صبرك هانت ونرحل
وتزولي يادي الجراح
وهناك مافيش لا سُكر
ولا ضغط ولا اجتياح

ترامب والجزيه

تخرس وتدفع
ولا عايز تبقى كان
والخيمة جاهزه
واهُو الجمل
ومافيش أمان
والخمر تبقى تكملو
هناك في الجنان
واللحم الا بيض ودعو
وتنسي اللى كان
وارفع صُراخك وانتحب
آن الآوان
ترفع لسيدك جزيتك
يديك أمان
وحتبلو تشرب ميتو
صك الأمان
لما الخزاين تتكنس
ويئن آوان
نفطك وتخلص جذوتو
وكان اللى كان

يابلدي مُش فقيره

يابلادى مُش فقيره
بس اللصوص كتير
والسوس جواكي ناخر
م الحاشيه للأمير
هوا بياخُد الخميره
والباقي لكام غفير
ناهبين كُل اللي فيكى
و بيسرقوا بضمير
والقتل بدم بارد
أصل الحساب يسير
واللي بيشرب مرارك
دايماً بس الفقير
يُصرُخ يُمضُغ فى جوعو
وانتي معانده الضمير
خيرك ساكن قُصُورهُم
واحنا الحساب عسير
لو يوم فكرنا نشبع
أو نحلم باليسير
ويابلادى مُش فقيره
لكن ناقصك ضمير

يابلادي شبه دوله

وبقيتى شبه دوله
بعد الحلم الكبير
بالعيش وبالعداله
والحريات كتير
والكُل ينوبو حقو
والخير يصبح وفير
ويجلجل فيكى قاضى
في الأصل أبوه غفير
وأى حد عادى
ممكن يصبح سفير
مؤهلاتو علمو
والجد وحُسن سير
مُش لازم خالتو عالمه
ولا لازم جِدو سير
وان شا الله يكون في عيلتو
واحد بياع حصير
والحلم خلاص بيخلص
ونشوف وِشِك بخير
يابلادى ياشبه دوله
يا مُ الباع الطويل
في الدَهن وفى الموائمه
والصبر على الأمير
ولحد ماييجي اجلو
لسا التفاسير كتير
لأى شيئ يقولو
طبعاً سيدنا الأمير
وكتير ينفع مُحلَلَ
وكتير باعوا الضمير
ويا بلادى الشبه دوله
جُثه بينهُشها طير

الحلم خلاص بيخلص
ونشوف وِشِك بخير

الحلم خلاص بيخلص
ونشوف وِشِك بخير

عطاء

فوق التُراب تُراب
تحت التُراب حياه
ل اللى اتمسك بدينو
واللي اختار النجاه
صدقت في الكُون مشاعرو
وعرف معنى الحياه
نور شمعة محبه
وهتف ضد الطُغاه
أخد الجميع في حُضنو
نفذ أمر الإله
وملا الأكوان محبه
مجِد سر الحياه
جاهد على قد عزمو
ولا ضل ف يوم وتاه
كابد وصبر وجاهد
لما اليقين اتاه

دمع غالي

ويادمع عيني غالى
عُمرك ماتبان لحد
مهما الأيام تعاند
مهما بتتخطى حد
وتبيعنى وتشترينى
تحوجنى لأي حد
لكن دمعك ياعينى
أبداً مايشوفو حد
مهما تدور الدواير
مهما بيألمنى حد
مغروز فى القلب سيفو
سانن ومحمى حد
لكن ماشى ومكمل
مُش ناوى يكون فيه حد
ح اصبُر واصبُر واعاند
وافضل ساكنى وعد
تفضل يا دمعى غالى
أبداً ما تبان لحد
مهما تجيب الليالى
ومهما بتتعدى حد

مطلوب كاتب مُنافق

مطلوب كاتب بليا
ويا ريت حساس رقيق
يوصف من برا برا
ومايخوشش في الغريق
ويُفضل برضو يعنى
بالمره يكون جريء
يثبت وبكل ذمه
إن الحاكم برئ
من أى مُصيبة تحصل
أو هفوه على الطريق
ويكون في المدح مُبدع
يرضى جناب الفَريق
وبارع في الرقص جداً
يُملِص من أى ضيق
ويكون دهين مُنافق
ويكون واطى وبذيء
والشُغله بسيطه جداً
ناضورجي على الطريق
يهتف بحياة سيادو
ومقام سيدو الفَريق
وان شا الله ماحد يفهم
وان شا الله مابان طريق

قلبي ياشوق الحواري

قلبى ياشوق الحواري
لما بتهمس بصوت
شوقو يصحى الستاير
ويشاور للبيوت
طيب رقيق وصافي
لكن خانقو السكوُت
باصص من ألف طاقه
ومستنى الليل يفوت
ونشيد جوايا يحبى
يرسم يغزل خيوط
حرك صمت الستاير
صحا نعاس البيوت
والحلم أُم الضفاير
تسمحلى عشان افوت
وادخُل عشق الحواري
واسكُن صخب البيوت

مولانا والكاريير

مولانا عايق ثورجى
وباع الضمير
ولأي حد يقبضو
بيبدء جعير
ومافيش حلال ولافيش حرام
والفتوى عندو بخط سير
والشرع عندو المصلحه
والدين كاريير
مولانا ساعة المعركه
تحت السرير
بيحت جلدو يغيرو
يجدد مصير
مستنى بعد المعركه
يركب ضمير
ويبوس فى رجل اللى انتصر
ويقولو خير
وينادى فينا اترصصو
وحيو الأمير
ويغض طرفو عن الدما
وسوء المصير
ومادام أميرو مشبعو
ف الدُنيا خير
والشرع عندو المصلحه
والدين كاريير

ضلي وصمت القصيده

ضلى وصمت القصيده
وآنينى على الطريق
وحنين ساكن في قلبى
نازف بيمد إيد
والرعشه بتسرى فيا
والنصل على الوريد
درويش ب اختم في وِردي
ومقام الشوق بعيد
سايح في الكون بوجدى
عارف وبقيت مُريد
بلد المحبوب بعيده
ومايوصلهاش بريد
عطش الحنين قتلنى
ويبس فيا الجريد
ونخيلى خلاص مهاجر
رايح لبلاد بعيد
واللحن ف وترو ساكن
وبدأ صمت النشيد

جوازة ترتر

ترتر بينادى لأمو
وأمو بتنده أبوه
والعركه خلاص حتبدأ
والمولد ينصبوه
وابدء وسع في خُلقك
وبلاش تُصرُخ ياهوه
ترتر مابقاش صُغير
ولا بُد يجوزوه
لكن جمالات معارضه
وجمالات دى مراة اخوه
بُندق أبو شوق وغاده
وغرام وشفيق وجُو
وكمان حامل في توأم
وقريباً حتشوفوه
وبعديها أ كيد حتحبل
جمالات طبعاً ياهوه
لكن ترتر مُصمِم
ولا بُد يجوزوه
والشقه خلاص بتُلطُم
والبيت بيقول سيبوه
والسهره خلاص حتبدء
مولد وحينصبوه
وترتر بينادي لأمو
وأمو بتنده لابوه

لوي بوز

وساعات الدُنيا تدى
وكتير بتلوي بوز
مُتعايش فيها راضي
وب اقول ع الفول دا لوز
وساعات بتدُق بابى
وساعات تبعتلي جوز
ديانه يسبوا أهلى
وراسي تطلع بروز
من كتر الضرب فيا
واقف على قشر موز
وتشوفني تقول خمورجي
ولا محشش يجوز
واما تبُص في ملامحي
بتشوف مليون عجوز
ومُتعايش برضو راضي
وب اقول ع الفول دا لوز
لما الظروف بتسمح
وب الاقي منو كوز
ب اكبس واملاها بطني
وب اقول يمكن يجوز
تتعدل بُكرا يعنى
ويا فولنا حتبقى لوز
خبط الديانه يخلص
وتروح م الراس بروز
وتوافق مره تدي
وتبطل لوي بوز

ريحة البيوت

أهلاً درج السلالم
اهلاً ريحة البيوت
والإيد ع الباب تدندن
ويجيك من جوا صوت
واهلاً اهلاً منور
وتخطي بشوق تفوت
تلمح نفس الستاير
والصوره وشبه صوت
بُرعم لساه مخضر
ويعدي بشوق يفوت
ويبحلق فيك ويرجع
تانى يروح في السكوت
وينادوا عليه يسلم
أبداً ومافيش لُه صوت
تضحك وتقول تبعكُم ؟
ضحكه وبعديها صوت
ايوه الأمور حفيدي
شخلل بقى بالنقوط
واشرب شايك منعنع
وابدء فيك السقوط
واسترسل في التساؤل
استرسل في السكوت
معقوله الحلم يخلص؟
تجري الأيام تفوت
وانزل نفس السلالم
ويا وطأة الهبوط
واقفل فيا المغاره
وخيوط العنكبوت
بتعشش ماليه روحي
وتدارى يا البيوت

ويغيب درج السلالم
وتغيب ريحة البيوت

عبد الباسط عبد الصمد

أُقسم بالله تلاته
ب اسمع شدو الطيور
وبتطرح جوا قلبى
ملايين ملايين زهور
والرعشه بتسري فيا
بتهز من الجذور
وب اغوص في الوجد وافتح
في القلب كتير بحور
أول ما الصوت يرتل
وبيملا الكون بُخور
عبد الباسط ب يقرا
وتشعي يادُنيا نور
اخرُج من سجن روحي
واسبح في الكون عطور

وحدك والبيوت

وحدك
والناس بترحل
وانتا بترسم بيوت
والعشق لحدو واصل
مستني بشوق يفوت
حد ويرمى التحيه
ويدُق على البيوت
وانتا بتستنى وحدك
والكون لفو السكوت
مابقاش مشتاق لحلمك
ولا عاشق للبيوت
كمل جواك نزيفك
عاند وارسم شطوط
يمكن ترسي المراكب
يرجع ناس البيوت
وارسم عازف ربابه
بينادي بأعلى صوت
يمكن شَدو الربابه؟
وآنين صمت البيوت
يفتح في القلب طاقه
ويمُر عليك يفوت
حد ويرمى التحيه
ويدُق على البيوت

بساط الريح

أنا وانتي وحنين ليكي
ولكن فين بُساط الريح؟
يا وِردِي لما ب ادروش
وريدى لما دمي يسيح
يانبضي والحنين جارف
ووحدي وحدي في التباريح
وصوتي لما اقوم زاعق
وحُضنى لما مرمى كسيح
بعاني فيكى وب اكابد
واعاند مهما كان الريح
و اقرب مهما تتباعدى
وعاشق وف هوايا صريح
ومهما تعاندى ب اتصابر
وب ابنى من شجونى ضريح
وبغزل من خيوط روحى
قصايد تشتهى التصريح
ومالينى الحنين ليكى
ولكن فين بُساط الريح

اللي زي واللي زيك

اللي زي واللي زيك
واللي زي حالتنا راحو
ناس كتيره بكوم أمانى
خلصوا منها واهو استراحو
حد بيجهز لرحله
وحد بيلملم جراحو
واللي فاضل فى المتاحف
والجميع مستني دورو
وهمو إمتى يكون صباحو
باديه فينا الرحله تخلص
بادي منا القطر يفضى
بادي نبت يسيب جذورو
وألف طير مكسور جناحو
واللي باقي يحنن الله
وكُل حي يشوف أمورو
ويسأل الله السلامه
ويحتسب يستنى دورو
ينتظر طلة صباحو

لما جيتها كُنت وحدك

لما جيتها كُنت وحدك
وف نهاية الرحله
برضو حتبقى وحدك
ومهما كان سُلطان جنابك
كوم تُراب حتكون في لحدك
واللى قالك روحى تفدي
باس في رجل سيادو بعدك
وانتا بس أسير لقبرك
إما روضه وإما حُفره
وابتديت تتلقى وعدك
واما جيتها كُنت وحدك
بس ما عملتش حسابك
غرتك فيها الأمانى
عزوتك لمة صحابك
وانهارده سايبها وحدك
وكُلنا حنسيبها بعدك

السنين

واهي لفت السنين
دارت جابت أخرها
وحدك والناي حزين
بتعافر وتحايلها
وعرفت وجاك يقين
مابقاش في الدُنيا غيرها
لو خلصت دى السنين
حتلاقى فين مثيلها
ف اشكُر ربك ولين
واتعايش فيك باصرها
مابقاش مخزون سنين
لو راحت ييجي غيرها

رساله إلى أمل دنقل

صرنا بعد الصُلح واكتر
كُل يوم بيزيد رُكُوعنا
والسجود أهو جاى واكتر
واللى ماسك الجمر ماسك
واللى بالصاجات بيسهر
واللى بيكفكف في دمعو
واللى نازف دمو أكتر
واللى بيحسبِل في سرو
واللى بيجاهر بيكفَر
وانتا همك لا تُصالِح
واحنا بعد الصُلح واكتر
من كلامهُم صرنا نسكر
من غيطانهُم صرنا نفطر
وف فرحهُم
نعزف الألحان ونسهر
ننتشي ونحلم وأكتر
نقلع الأمجاد ونرقُص
حتى بعد الفَجر واكتر
حتى بعد الفُجر واكتر
وانتا همك لا تُصالِح
لسا جواك البراءه
ولسا ماعرفتش مصالح
واحنا صرنا فعرض صالح
يتولد من تاني فينا
نصحا ونفُض المصالح
يتولد من قهر فينا
يتولد من نهر مالح
عذب كان سلسال بيجري
قبل ماتكون المصالح
وجوا روح الروح

راح انحت
ايوه أبداً لا تُصالِح

راح انحت
ايوه أبداً لا تُصالِح

بلاد الرضا

وصلني لبلاد الرضا
وخُد كُل شئ
خُد مني كُل اللى املُكو
وماتسِيبش شئ
وصلنى بس لحدها
ودا كُل شئ
وانا حافضل اسجُد عندها
وما اطلُبش شئ
أصل اللى يوصل عندها
مايعوزش شئ
وفى الدُنيا مين بعد الرضا؟
يتمنى شئ
إلا اللى غراه دُنيتو
وفاكرها شئ
وحيسيبها برضو بسحرها
ومایاخُدش شئ
زى اللى كانوا ف برها
كدا كُل شئ
وف لحظه قلبت وشها
راح كُل شئ
وبقى أشتياق بلد الرضا
ودا كُل شئ

اسارى طريق

أنا وانتا أسارى طريق
ولا بيخلص ولا يكمَل
ولا نريح نبل الريق
ولا حدش يقابلنا
ويتبسم في وقت الضيق
ولا يوهبنا يوم ضِله
وتأوينا تطفى حريق
نكابد حلم جوانا
وبيعافر كأنو غريق
نعاند نرسم الخطوه
ونحلم في نهايتها طريق

عصفور الروح

امتي بقى
يخرُج م الجسد
ويروح بعيد
لبلاد ماتعرفش الوجع
ولا موت نشيد
يصدح
بكُل مافيه فرح
ويمد إيد
تبنى الجدار
وتلونو والبيت جديد
تخلص مشاعر غُربتو
وإحساس بليد
إن الحياه هيا الوجع
وان النشيد مابيكتملش
الا ان شرب دم الشهيد
يسكر
يعربد
ينتشي
ويصدح بعيد
ولا عُمرو يعرف سِكتي
ويمد إيد
ويشد سكين انغرز
قطع الوريد

عُذراً نفذ الرصيد

وانا وانتا
مافيش جديد
غير إحساسنا البليد
إن الأيام تزهزه
تعطف وتمد إيد
لكن كالعاده برضو
مابيوصلش البريد
نفضل نسهر ونحلم
ونحايل في النشيد
تنحت فينا الليالي
وهم وجاى من بعيد
بيعافر لينا يوصل
نهتف نطلُب مزيد
ويُقف عابس جبينو
ويشاور من بعيد
أسف أسف وجداً
عذراً نفذ الرصيد

دم الحُسين

دم الحُسين ب يهتف
ونزيف مالي الوطن
ويهوذا خلاص محدد
إمتى وفين السكن
وعواصمو حدودها بانت
وقُريب تتسكن
ودخل مادفعش جزيه
ولا وطى ولا اتختن
طينك م القهر يُصرُخ
والصرخه ب تتسجن
يبست فيه المشاعر
وغلالو بتنطحن
تسُكُن جوفو لعدوك
وانتا تعد المحن
والأرض بتهوي تحتك
كرهت ريحة العفن
كرهت يسكُنها زيك
مملوك بيبيع وطن
وانتا بتحلم بفرخه
ناسي تجهز كفن
وسيفك بقا بس زينه
دخل الغمد وسكن

ما بقتش تفرق

مابقيتش معايا تفرق
ومابستناش جديد
مستنى حُصونى تسقط
وب اجهِز للمزيد
حلميى وشديت قيودو
ورميتو ف بير بعيد
واعتدت خلاص وجعها
ودا شىء مابقاش جديد
حَرِنِت جابت أخرها
ونشوف اخر النشيد
حكمه وصبر وتعازي
ولا حيقلب عَدِيد
تخلص فيا الموالد
يفضل شوق المُريد
يشتاق يشعل مباخر
ويمد ف قلبي إيد
ولا خلص جمر قلبي
ولا بطل مد أيد
وإن قُلت خلاص حيتعب
يرجع يطلُب مزيد
يفتحها دروب ف قلبي
ويمد ف ألف إيد
ينبش ينبش وينبش
وانا كهف من الجليد
مابقيتش معايا تفرق
ومابستناش جديد

لو بيني وبين عنيكي

لو بيني وبين عينيكي
ملايين المداحين
نُقطه ف بحر اشتياقي
نُقطه ف بحر الحنين
ومايوصِفوش هوايا
مهما يغنوا لسنين
مزروع قلبى بغيطانك
ولا ينفد لك خزين
والكُل نديم في عِشقك
وكتير البنايين
بيشيدوا ف مقامك
وكتير متشوقين
جايين قاصدين لبابك
وما تساليش منين؟
عُشاق من كُل حته
ليكي وجابهُم حنين
جايين بيدقوا بابك
رُدي ومدي الإيدين
واسقى الجايين عطاشى
زادهُم بس الحنين

الحلم البديل

وساعات ب القاني فرحه
مليانه حنين وطارحه
وبخور وروايحو فايحه
بتلف الكون وسارحه
واسكُن حلمى البديل
وساعات ب القاني سيل
هادر عاتي اجتياحو
ومافيش لهدوء سبيل
غير إن النوبه تخلص
أو حلم يكون بديل

جبر الخواطر

وانا في انتظار وعدو
يفرجها من عندو
يجبُر كُسور عبدو
اللى مافيش قبلو
واللى ماليش بعدو
يشملني بالرحمه
والقلب يا سعدو
وساعتها يتساوى
عندو ومُش عندو
وقرب خلاص دورى
ولا اللى جاي بعدو
ويومين وننساهُم
وضروري حيعدوا
وحينجبر خاطري
م اللى ماليش بعدو
واللى انكسر فيا
أنا ح التقيه عندو
ومهما تضيق بيا
ب القا الفرج عندو

وساعات ب اناديكي

وساعات ب اناديكى
ب اجمل اساميكى
ياصابره ياطاهره
واغزل نشيد ليكى
وساعات بخاف منك
وانكر اساميكى
يامغربه اولادك
ومقرباه ليكى
كُل اللى باع عرضك
وغرامو مُش فيكى
بس انتي للغله
والحصد مُش ليكى
ويوم ما بتئنى
يستخسروه فيكى
قطنك دوا لجرحك
يستخسروه فيكى
وانتي اللى حاسباهُم
هُما الدوا ليكى
شاريه اللى باع عرضك
بايعه اللى شاريكى
وتنادي من وجعك
قلبي يلبيكى
فيا يهيج جرحك
انده صعاليكى
ونحارب الدُنيا
ونجيب دوا ليكى
وارجع اناديكى
ب اجمل اساميكى
لكن ب اكون خايف
لا تعود دوليكى

"

وتأمني للخاين
وتحكميه فيكى
ويتوجع قلبى
وانكر اساميكى

وطني والبحر

وحدك والبحر هادر
ولعت بيك المراكب
وع العوم مابقيتش قادر
قتلك نوم المراتب
والموت مافيهوش حبيبك
ويشيلك ع المناكب
ومافيش تُأمر سعادتك
ومافيش زفة مواكب
والكُل خلاص بيغرق
ولأي وسيله راكب
وانتا بتستنى يهتف
ويشيلك ع المناكب
والبحر لخشمو فاتح
وخلاص بلع المراكب
وع العوم مابقيتش تقدر
قتلك نوم المراتب

على باب الله

على باب الله
والكُل عبيد
على باب الله
والكُل بياخُد
همو معاه
والباب مفتوح
ويافرج الله
مليان بالشوق
وبنور الله
بس انتا تؤب
تشتاق لرضاه
وتجِد السير
وتقول الله
ومافيش حُراس
على باب الله
ومافيش تصريح
ولا أذن دخول
علشان تملاه
ومافيش مُشتاق
بيدُق الباب
إلا ويلقاه
مفتوح بينادي
عباد الله
وتلين ف خشوع
وبتترجاه
تلقاك مليان
بعطايا الله
ونجيلو عبيد
نتمنى رضاه
يمنح ويزيد

وي افضل الله

ويمل السيد

لو عبدو دعاه

يتململ منو

ومن شكواه

لكن ع البحري

يا باب الله

وهمومنا خلاص

اهي عند الله

وبقينا ملوك

على باب الله

ولا بعدو مزيد

لعطاء الله

غير انو يزيد

يشملنا رضاه

وانا وانتا ملوك

على باب الله

وبنبقى عبيد

لكن لله

غزل الأشواق

قلبي طرح شُعرا
وملايين من العُشاق
واتلموا ياسمرا
وبيغزلوا الأشواق
حتى اللى كان واجِد
جابوا الحنين مُشتاق
فرط الهوى لعشقكِ
بينسي أى فُراق
يبقا نسيم عطرك
أجمل ما قلبو داق
وتساعى من وسعك
مهما زمانا ضاق
وتلمى في حضُنك
وتليني الأخلاق
وتطبطبي تضُمي
وتجمعينا رفاق
وحلمنا واحد
نغزلك الأشواق
نتحنا من ضيك
ونغني للعُشاق
ونقول يامين زيك؟
وسع الطريق أو ضاق
بتساعي أحبابك
وبيغزلوا الأشواق
يتلموا ف رحابك
ملايين صفوف تشتاق
بيعطروا عتابك
وبيغزلوا الأشواق
وياسمرا دا بابك
يا وجهة العشاق

وحتى اللى كان واجد
هزو الحنين واشتاق
بيبوسها لعتابك
وبيغزل الأشواق

المحتويات

Don't miss out!

Visit the website below and you can sign up to receive emails whenever طارق التريري publishes a new book. There's no charge and no obligation.

https://books2read.com/r/B-A-KEUT-YAVYB

BOOKS2READ

Connecting independent readers to independent writers.

About the Author

منشوراتي

في بلاد الأي حد

قَلبي اللي عشقك

إنفصامستان

وجع القصيده

كُل العساكر كدابين

الصُبح في بلادي

شباكي الفاتح

سُلطان العاشقين

قُليل لما باشتاقلي

دوايرك

دم الحُسين

على باب الله

صباح القُدس

عند باب الحلم

لماكانت مصر دوله